¡Mira, un tiburón!

por Tessa Kenan

EDICIONES LERNER ◆ MINNEAPOLIS

Nota para los educadores:

En todo este libro, usted encontrará preguntas de reflexión crítica. Estas pueden usarse para involucrar a los jóvenes lectores a pensar de forma crítica sobre un tema y a usar el texto y las fotos para ello.

Traducción al español: copyright © 2017 por ediciones Lerner
Título original: *Look, a Shark!*
Texto: copyright © 2017 por Lerner Publishing Group, Inc.

La traducción al español fue realizada por Annette Granat.

ediciones Lerner
Una división de Lerner Publishing Group, Inc.
241 First Avenue North
Mineápolis, MN 55401, EE. UU.

Si desea averiguar acerca de niveles de lectura y para obtener más información, favor consultar este título en www.lernerbooks.com

Library of Congress Cataloging-in-Publication Data

Names: Kenan, Tessa.
Title: ¡Mira, un tiburón! / Tessa Kenan.
Other titles: Look, a shark! Spanish
Description: Minneapolis : ediciones Lerner, [2017] | Series: Bumba books en español — Veo animales marinos | In Spanish. | Audience: Age 4–8. | Audience: K to grade 3. | Includes bibliographical references and index.
Identifiers: LCCN 2016024768 (print) | LCCN 2016026267 (ebook) | ISBN 9781512428681 (lb : alk. paper) | ISBN 9781512429480 (pb : alk. paper) | ISBN 9781512429497 (eb pdf)
Subjects: LCSH: Sharks—Juvenile literature.
Classification: LCC QL638.9 .K4518 2017 (print) | LCC QL638.9 (ebook) | DDC 597.3—dc23

LC record available at https://lccn.loc.gov/2016024768

Fabricado en los Estados Unidos de América
1 — VP — 12/31/16

Expand learning beyond the printed book. Download free, complementary educational resources for this book from our website, www.lerneresource.com.

Tabla de
contenido

Los tiburones nadan

Los tiburones son peces.

Ellos nadan en los océanos.

Los tiburones viven por todo

el mundo.

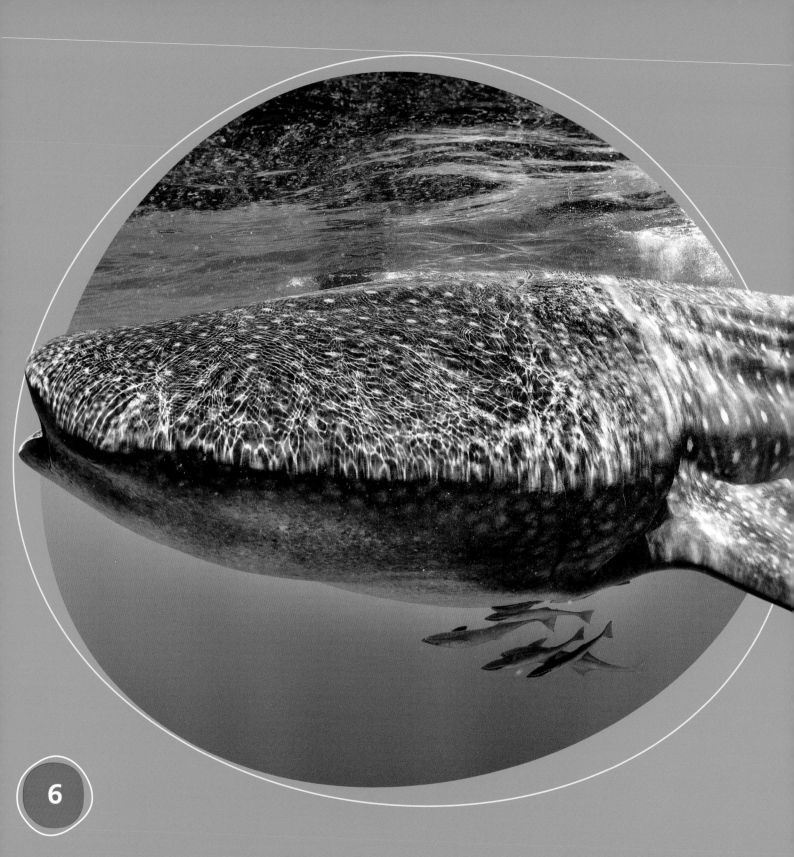

Hay muchos tipos de tiburones.

Uno es más grande que

un autobús.

Uno es menos largo que

una regla.

Un tiburón tiene aletas.

La aleta de atrás

le ayuda a nadar.

La aleta de arriba le ayuda

con el equilibrio.

branquias

¿Cómo puede el olfato ayuda a un tiburón a encontrar su presa?

Los tiburones tienen branquias.

Las branquias ayudan

a los tiburones a respirar.

Los tiburones también pueden oler

en el agua.

El olfato ayuda a los tiburones

a encontrar su presa.

Los tiburones son más oscuros

en su parte superior.

Esto ayuda a los tiburones a cazar.

Parecen ser parte del agua

debajo.

Los animales cerca de la superficie

no pueden ver los tiburones.

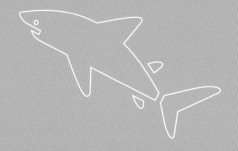

12

Las barrigas de los tiburones son

de un color más claro.

Sus barrigas parecen ser parte

del agua por encima.

¿Por qué es una barriga de color claro útil para cazar?

Los tiburones tienen filas
de dientes.

Estos dientes les ayudan
a atrapar comida.

¡El gran tiburón blanco
puede tener 300 dientes!

¿Cómo piensas que los dientes afilados ayudan a los tiburones a cazar?

17

Un tiburón ballena come con
la boca abierta.

Atrapa animales pequeños.

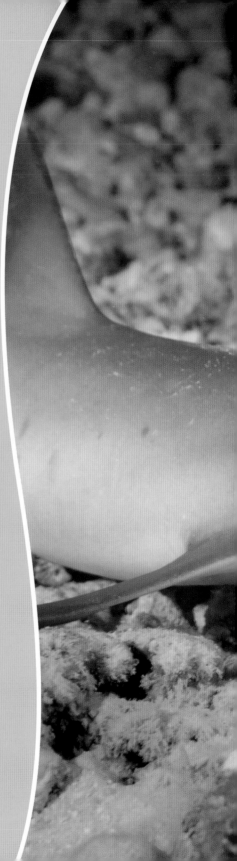

Los bebés de tiburones

se llaman cachorros.

Los cachorros nadan

alejados de su madre.

Se cuidan a sí mismos.

Las partes de un tiburón

ojo

hocico

aletas

dientes

branquias

Glosario de las fotografías

branquias

partes del cuerpo que ayudan a los peces a respirar

cachorros

tiburones bebés

presa

animales que otros animales cazan y se comen para alimentarse

superficie

la capa de más arriba del agua en el océano o en un lago

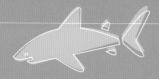

Índice

Leer más

Markovics, Joyce L. *Great White Shark*. New York: Bearport Publishing, 2016.

Meister, Cari. *Do You Really Want to Meet a Shark?* Mankato, MN: Amicus, 2016.

Nelson, Kristin L. *Let's Look at Sharks*. Minneapolis: Lerner Publications, 2011.

Crédito fotográfico